AF264167

L'ILE

DE

LA RÉUNION

QUESTION COLONIALE

Par un Créole de cette Ile

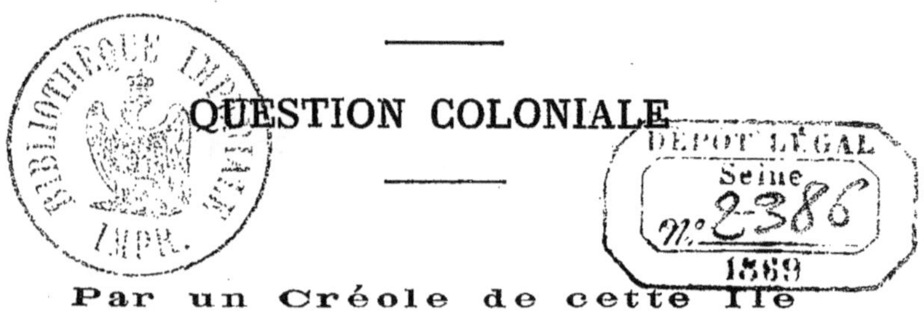

PARIS

LIBRAIRIE INTERNATIONALE

15, BOULEVARD MONTMARTRE

A. LACROIX, VERBOECKHOVEN & Ce, ÉDITEURS

A Bruxelles, à Leipzig et à Livourne

—

1869

L'ILE DE LA RÉUNION

QUESTION COLONIALE

I

Au sein de l'océan Indien, presque sous le tropique, à cent lieues environ de la grande île de Madagascar, se trouve un groupe de trois petites îles qu'un navigateur portugais, du nom de *Mascarenhas*, découvrit vers l'année 1545. Ce sont les îles Mascareignes, *la Réunion, Maurice* et *Rodrigues.* En 1810, les Anglais, maîtres des deux dernières, attaquèrent la Réunion, qui, sur la demande de ses habitants, s'appelait alors l'*île Bonaparte.* Les créoles, protégés par une garnison insuffisante de cent cinquante hommes, prirent les armes, et, sous le commandement du colonel de Sainte-Suzanne, leur gouverneur, défendirent vaillamment leur pays contre l'invasion. Ils succombèrent sous le nombre, mais la capitulation fut glorieuse pour nos armes. Les créoles, en cette circonstance, acquirent une réputation méritée de bravoure et d'énergie.

Les îles Mascareignes surgissent du sein des flots comme les débris épars d'un paradis perdu. Lorsque François Leguat aperçut, en 1690, l'île Bourbon du pont de son vaisseau, il s'écria que cette île était un Eden. Des forêts vierges d'orangers et de citronniers couvraient le littoral et parfumaient l'air à deux milles du rivage, « à ce point, dit le navigateur en son récit, que plu- » sieurs d'entre nous furent incommodés par cette odeur char- » mante; » et sur les hautes montagnes les benjoins gigantesques étalaient leurs branches superposées.

Le soleil éclatant des tropiques éclairait ces beaux sites, et la nuit, la lueur d'un volcan en éruption, en variant la physiono- mie du tableau, relevait encore le grandiose de cette nature féerique.

Les premiers habitants furent des ouvriers du fort Dauphin. Pronis, commissaire à Madagascar de la Compagnie de l'Orient, s'était fait suivre de charpentiers, de menuisiers, de forgerons et de maçons. Les mutins furent déportés à l'île Bourbon. Quel- ques années après, le chevalier de Flacourt, gouverneur du fort Dauphin, continuant l'œuvre de Pronis, se chargea d'accroître, par le même procédé, le petit nombre de Français habitant la colonie. Il y ajouta une faveur, celle de se faire accompagner par des femmes malgaches. Les déportés s'établirent sur le bord d'un étang, dans une grande anse. C'était pour eux un séjour délicieux. L'île abondait de gibier et de poissons, de tortues de terre et de mer. Avec une houssine à la main, dit Flacourt en ses Mémoires, on s'assurait en moins d'une heure les repas du jour. Les animaux étaient si peu sauvages, qu'on les abattait sur place, entre autres un brévipenne, gros comme un dindon, le *dronte*, qui a disparu depuis et qui était d'un goût exquis.

Plus tard, pendant que les cadets de famille, courant aux îles pour y chercher fortune, peuplaient Saint-Domingue, la Marti- nique et la Guadeloupe, qui ne se trouvaient qu'à tout au plus un mois de la France, des ouvriers, des commerçants, des pa- trons de navires et des matelots déserteurs débarquaient à Bourbon. Quatre mille lieues par le cap de Bonne-Espérance, seule route alors connue, c'était si loin pour des fils de familles nobles ! De 1710 à 1728, Bourbon fut un repaire de pirates et de forbans, vivant en bonne intelligence avec les habitants de l'île, auxquels ils confiaient l'éducation de leurs enfants. (Maillard, *Notes sur la Réunion.*)

La France envoya à Bourbon des intendants pour adminis- trer le pays, et des commandants pour le gouverner au nom du roi. La Compagnie des Indes ne pouvait laisser échapper cette perle de l'Océan.

Un édit du roi la concéda à la puissante Association des mar- chands pour en jouir à perpétuité, en toute propriété, seigneurie et justice. La colonie végéta de longues années sous le régime du monopole et du privilége, jusqu'à l'arrivée de l'intendant Poivre et du gouverneur Mahé de la Bourdonnaye. Ces deux hommes de génie fondèrent des établissements durables et firent un bien immense au pays.

Pendant ce temps, la population s'était formée, douce, soumise, hospitalière, ayant conscience de son origine, parvenue progressivement à la propriété, au bien-être, à la richesse, sans passion politique ni religieuse, et d'un niveau d'instruction plus que médiocre. Telle est l'origine de la plupart des plus anciennes familles de la colonie, et Louis XIV appréciait bien chacune de ces îles quand il disait : « Les seigneurs de Saint- » Domingue, messieurs de la Martinique et les bonnes gens de » l'île Bourbon. »

Il est vrai de dire que le roi fastueux, pour encourager la colonisation, octroya plus tard aux propriétaires *créoles* le droit de porter l'épée.

Louis-Philippe dota Bourbon d'un conseil colonial électif, ayant qualité pour faire des lois et règlements, et jeta les fondements de la grande réforme qui devait s'accomplir en 1848 en décrétant une loi qui donnait aux esclaves le droit de se racheter.

A part quelques hommes éclairés, dont les noms sont restés populaires, Robinet de la Serve entre autres, on peut dire que l'esprit public n'existait pas dans la colonie sous le régime de l'esclavage. Le maître, servi par des esclaves soumis, vivant de leur travail et des produits de la terre la plus fertile du monde, trouvait que tout était pour le mieux dans le meilleur des mondes. N'éprouvant aucun besoin, ou plutôt les satisfaisant tous sans effort et sans peine, le créole vivait dans ce *farniente* tropical qui engendre sinon l'égoïsme, du moins l'indifférence politique. Les nouvelles de France ne lui parvenaient que tous les trois ou quatre mois ; et encore ne s'en inquiétait-il que pour savoir le prix de ses denrées ou se plaindre de l'intérêt que portaient à ses esclaves quelques cœurs lointains émus de générosité.

La révolution de 1848 précipita les événements, mais n'ébranla en rien la paix du pays. Lorsque le navire qui portait le commissaire général de la République chargé de proclamer l'émancipation des noirs aborda les côtes de l'île Bourbon, il faisait nuit, et les cheminées des sucreries lançaient des jets de flammes et de fumée. On dit que M. Sarda-Garriga tressaillit et crut à un incendie général. Il fut reçu le lendemain par une population froide, calme et digne. Blancs et noirs l'accueillirent sans murmures comme sans cris d'allégresse. Différentes causes expliquent cette attitude. On peut, en premier lieu, invoquer le régime relativement doux auquel nos esclaves étaient soumis; puis, et surtout, la position spéciale de l'île de la Réunion, isolée au milieu de l'océan Indien, sans autres voisins que ceux de l'île sœur, Maurice, dont la population est presque entièrement française.

Les Antilles, au contraire, continuellement surexcitées par le voisinage de Saint-Domingue, de ce grotesque empire nègre gouverné despotiquement par le cromou Soulouque, en relations fréquentes avec les colonies anglaises, où l'esclavage était aboli, devaient ressentir le contre-coup des arlequinades de Port-au-Prince, des élucubrations démagogiques de quelques meneurs et des discours pompeux que des lords intéressés faisaient entendre au Parlement contre le régime colonial français. Soulouque avait juré l'extinction dans ses Etats des races blanche et mulâtre, et l'écho des fusillades de Bizoton arrivait jusqu'aux oreilles des noirs esclaves des Antilles françaises. La réaction y fut violente, et des crimes ont inauguré aux colonies de l'ouest l'ère de la liberté.

A Bourbon, la tranquillité des esprits ne s'est pas un instant démentie. Dès le lendemain de l'émancipation, le travail fut organisé, les livrets d'ouvriers et de cultivateurs devinrent obligatoires, sans qu'aucun des soixante mille nouveaux citoyens fît entendre une plainte; le bon sens public vint en aide au gouvernement.

Appelés à jouir, dans toute sa plénitude, du droit de suffrage universel, les électeurs de toutes couleurs de la colonie envoyèrent à l'Assemblée constituante M. Prosper de Greslan, qui siégea à la droite, et M. Barbaroux, que l'Empire fit sénateur. Une transformation rapide et générale eut lieu dans nos habitudes et dans nos mœurs. Et ce fut, pour un observateur sérieux, un spectacle vraiment digne d'intérêt que de voir cette population de propriétaires, la veille encore maîtres absolus de leurs biens et de leurs esclaves, manquer tout à coup de bras pour le travail, et, sortant d'une léthargie séculaire, s'organiser, penser, créer, et parvenant, en quelques années, avec le travail libre, à doubler le revenu qu'ils faisaient avec le travail esclave. Preuve irrécusable de sa sagesse, de sa justice et de son énergie!

L'Empire nous enleva nos droits constitutionnels. La représentation fut abolie. Trompée sans doute sur notre état social, la métropole, sans motif de rigueur à exercer contre nous, confia la gestion de nos affaires à un conseil général et à des conseils municipaux qui ne sont, en fait, que des commissions administratives. Les gouverneurs devinrent des autocrates plus puissants que l'empereur lui-même ; et quand ils sont insouciants, ce qui peut arriver , leur pouvoir devient virtuel et passe complétement entre les mains du directeur de l'intérieur. La nouvelle constitution effaça le rôle du commissaire de marine ordonnateur, réduit à l'administration des corps de troupes , et enleva au procureur général une grande partie de ses attributions pour les donner au directeur de l'intérieur. Et comme ce dernier propose à la nomination du gouverneur les conseillers généraux et municipaux, on peut se faire une idée de l'étrange et immense pouvoir exercé par un tel fonctionnaire , dont on peut dire qu'il est le seul et puissant administrateur du pays, lorsque le gouverneur, ne considérant sa position que comme une sinécure, se repose entièrement sur lui.

Tel est encore le régime que nous subissons. Je ne sache pas qu'il y ait une colonie naissante, formée par des aventuriers venus de tous les points du globe, qui soit soumise nécessairement à des lois plus draconiennes ; c'est tout simplement le régime du bon plaisir et de l'exception humiliante. En 1866, en réponse à nos doléances, à nos pétitions au Sénat, un sénatus-consulte nous octroya l'extension des attributions du conseil général. Mais la largesse était naïve , car l'origine du conseil restait la même, le gouverneur était maintenu dans ses fonctions de grand électeur. On nous reprenait d'une main ce qu'on donnait de l'autre.

Comment s'expliquer un pareil ostracisme ? Pour quelles raisons la métropole s'est-elle, jusqu'à présent, refusée à toute concession libérale en notre faveur ? Nous le disons avec une entière franchise : pour nous , l'opiniâtre résistance du gouvernement central à entendre nos réclamations puise sa source dans des erreurs profondes et enracinées, qu'entretiennent près de lui des hommes intéressés et sans patriotisme. Il importe donc d'édifier la métropole sur la situation des esprits à l'île de la Réunion, en étudiant les races qui l'habitent, et de lui faire voir que son injustice ne provient que de son ignorance de la vérité.

II

On peut avancer, sans crainte d'exagération, que l'immense majorité de la population coloniale est à la fois libérale et conservatrice. Peut-il en être autrement dans un pays où hier encore régnait l'esclavage ? Le blanc a conservé le respect de l'autorité, qui protége les priviléges et sauvegarde la propriété. Le noir, rompu à la voix du commandement, n'a pu secouer le joug d'une éducation spéciale. De nos jours encore il appelle celui qu'il sert : *mon maître*. La population blanche se compose de propriétaires et de marchands. Elle aime la liberté, mais elle aime encore plus l'ordre, la justice et la paix.

Le parti le plus remuant dans la colonie est le parti clérical, assez peu nombreux d'ailleurs, mais s'appuyant sur un clergé puissant, avec lequel l'administration ne compte que trop souvent. L'esclave émancipé de 1848 s'est refusé au travail de la terre, signe pour lui d'une ère de misère et d'humiliations. Il s'est fait ouvrier ou cultivateur. Dans ce but, il a acheté, de ses épargnes, un coin de terre, ou bien il le loue, ou bien encore il tient de la générosité de l'administration une concession sur les hauteurs de l'île, vers les plaines intérieures. Il cultive le maïs, les ignames et le manioc juste pour se nourrir, et meurt là où il s'est fixé. Rebelle à tout progrès, d'une nature essentiellement solitaire, le noir qui s'est livré à ce genre de vie a horreur de la société. Une cabane enfumée lui suffit. Il descend au village ou *quartier* pour échanger une provision de riz contre un sac de charbon, et rentre chez lui pour vivre de légumes grossiers cuits au sel. Cette fraction de l'ancienne population esclave, revenue pour ainsi dire à ses instincts originels, s'éteint d'ailleurs progressivement sous la double influence d'une existence sauvage et frugale, misère morale et misère physique.

La seconde catégorie de cette caste forme la plus grande partie de nos ouvriers, de nos cochers et de nos hommes de confiance. Ils construisent nos édifices et nos maisons, réparent nos usines sous la direction d'ingénieurs ou de mécaniciens *créoles*, et nous servent dans tous les travaux qui exigent de l'adresse et de l'intelligence.

Cette classé intéressante est relativement civilisée. Le clergé s'en est emparé et l'a enrégimentée dans ses sociétés de Saint-François-Xavier et de Saint-Vincent-de-Paul, ce qui n'empêche pas qu'elle était en grand nombre parmi les assaillants du collége des jésuites, le 30 novembre 1868, rivalisant avec les Cafres, qui cherchaient à piller.

Noirs libres des hauts et des villes s'appellent les citoyens de 1848. Mais il faut bien se garder de croire qu'ils attachent quelque importance politique à ce titre ; ils n'en ont aucune notion. Ces noirs se marient entre eux, trop fiers pour épouser des Malgaches ou des Indiennes, qui sont pour eux les esclaves d'aujourd'hui ; et ces mariages consanguins contribuent pour beaucoup à l'extinction de leur race, dont le sang n'est plus renouvelé par le courant d'immigration qu'entretenait le recrutement à la côte d'Afrique.

Tel est, en peu de mots, ce qu'on appelle à l'île de la Réunion l'élément noir ; tels sont ceux qui seraient appelés à être électeurs avec nous si le suffrage universel, que nous réclamons, nous était accordé.

Voilà le *spectre noir* exploité par des hommes faux ou égarés, qui font miroiter aux yeux de l'autorité suprême des dangers imaginaires, afin d'empêcher que le progrès, prenant domicile dans nos institutions, ne les chasse des places honorifiques qu'ils tiennent d'un régime impossible.

En définitive, le chiffre de la population qui nous occupe est trop peu élevé pour soulever des craintes sérieuses. En outre des causes d'extinction que nous avons déjà indiquées, elle a été décimée par deux épidémies cruelles : la variole, en 1851, et le choléra, en 1859.

Quant aux mulâtres de l'île de la Réunion, je n'en parlerai que pour dire qu'élevés aux mêmes écoles, ils nous sont unis aujourd'hui par une communauté de principes, de mœurs et d'intérêts qui a effacé à jamais les préjugés injustes dont ils étaient victimes.

Il nous reste à parler des Cafres, des Malgaches, des Chinois et des Indiens qui habitent la colonie.

Les Cafres sont des *étrangers*, engagés à la côte orientale d'Afrique pour un nombre d'années déterminé, après lesquelles on est tenu de les rapatrier s'ils l'exigent. Robustes, appropriés au travail de la terre, ils constituent pour nous les meilleurs sujets des ateliers. Des spéculations honteuses sur ce genre d'immigration ont éveillé jadis l'attention du gouvernement métropolitain, et le prince Napoléon, alors chargé du ministère des colonies, mit un terme à ce commerce, que des négociants habiles exploitaient avec un art dépassant le plus que parfait. Cette mesure, alors parfaitement justifiée, enleva à la colonie sa meilleure source de recrutement de travailleurs. Les Cafres introduits se trouvèrent si bien à la Réunion, qu'ils ne voulurent plus la quitter. Cela se conçoit sans peine : prisonniers de guerre vendus par leurs vainqueurs ou captifs des hauts barons africains, ils avaient échappé à la mort par le trafic dont ils étaient l'objet. Ce genre de commerce enrichit plusieurs négociants ; le gibier humain abondait aux comptoirs d'immigration, quand le prince-ministre, informé des scandales qui s'y commettaient, donna l'ordre de fermer ce nouveau débouché.

Cependant, nous pensons que, sagement dirigé, sévèrement surveillé par le gouvernement et loyalement entrepris par le commerce, le recrutement de la race noire à la côte d'Afrique serait une œuvre essentiellement morale. Racheter des captifs ou des esclaves voués à la mort ou à la misère, les transplanter dans des pays civilisés en leur assurant, en échange de leur labeur, un salaire rémunérateur et les rapatrier ensuite, ce serait ouvrir une voie féconde et nouvelle à la civilisation du continent africain, le plus beau, le plus riche et le plus inconnu du monde entier. Comme on le voit, les Cafres ne sont pas et ne peuvent être citoyens français. Soumis à des lois particulières, ils ne présentent aucun danger à la promulgation du suffrage universel. Ils font partie avec les Indiens de la population de nos ateliers qui habite les établissements agricoles éloignés des villes.

De toutes les races étrangères, la race indienne est la plus nombreuse. Lascars ou Bengalis s'engagent généralement pour cinq ans, exigent le droit de rapatriement et en usent largement. Sujets de Sa Majesté britannique, ils sont placés sous la protection immédiate d'un consul anglais qui réside à Saint-Denis, et sont régis par une législation spéciale qui doit être bien connue du ministère de la marine. Le nombre des Indiens a bien diminué depuis plusieurs années, sous le coup d'une épidémie de typhus et à la suite de manœuvres illicites et peu délicates sur lesquelles l'administration a trop longtemps fermé les yeux, et dont le résultat eût été de dépeupler nos habitations en faveur de l'île Maurice.

Les Malgaches, en petit nombre, servent habituellement aux établissements de marine. Sujets d'une noire Majesté voisine, ils ont un consul à la Réunion et visitent souvent le pays natal. Quant aux Chinois, fils du Céleste-Empire, ils proviennent d'un premier essai d'introduction sans réussite qui nous a affligés des quelques boutiquiers de cette race rapace existant encore dans la colonie. Enfin, pour n'omettre personne dans cette nomenclature, nous citerons les Annamites déportés de Saïgon à la suite de condamnations criminelles.

Est-il maintenant nécessaire de dire que cette diversité des races étrangères composant notre petit peuple de travailleurs entretient fatalement une division qui met la colonie à l'abri de tout danger de révolte ?

On ne voit donc pas de quelle façon le suffrage universel accordé aux Français résidant aux colonies, payant l'impôt et dignes en tous points de jouir de leurs droits civils et politiques, pourrait influencer cette population exotique, étrangère à nos lois comme à notre nationalité. Notre petite colonie est avancée, lettrée, éclairée. Elle mérite l'assimilation qu'elle réclame. Ses habitants sont renommés pour la douceur de leurs mœurs, une générosité presque chevaleresque, la large et cordiale hospitalité qu'ils accordent à tous, et dont usent si bien les officiers de marine. On ne trouve dans leur histoire qu'un seul exemple de rébellion. Encore fut-elle fomentée et provoquée par un capucin, le père Hyacinthe, qui, en 1689, déposa le gouverneur, M. de Vauboulon, et le mit en prison, où il mourut. La justice de cet attentat se fit longtemps attendre, car ce n'est qu'en 1723 que, pour mettre un terme à l'envahissement clérical, un édit du roi prescrivit au commandant Desforges-Boucher de « faire défense à MM. les prêtres de se mêler en aucune façon » des affaires de la colonie et d'y avoir des habitations en de- » hors des presbytères. »

Nos plaintes sont justes, et nous souffrons depuis si longtemps, que nous ne pouvons maîtriser l'amertume de nos sentiments. Peut-il en être autrement de la part de citoyens éloignés des affaires publiques et dont le seul mandat est de payer leurs impôts ? et quels impôts encore ! « Pour peu que vous m'enleviez » *un sou* sans mon consentement, a dit Locke, mon bien n'est » plus à moi. » Et depuis sept ans que des fléaux de toute nature : épidémie végétale, ouragans, sécheresse, sont venus s'abattre sur notre pauvre pays, dont les revenus diminuaient d'année en année en progression géométrique, jusqu'à atteindre en 1868 le chiffre modique de 10 millions, le budget présenté par l'administration se maintenait presque au même chiffre et le conseil général, émanation directe du gouvernement local, le votait malgré les protestations patriotiques de quelques-uns de ses membres et les conseils de la presse libérale ?

On citait, il est vrai, quelques réductions dans le budget,

telles, par exemple, que la retenue du dixième ou du vingtième sur la solde des employés ; mais ces expédients honteux d'une administration aux abois ne pouvaient inspirer aucune confiance aux hommes sérieux, inquiets du sort de leur pays. La colonie, en présence d'un revenu de 10 millions, reste frappée d'une imposition de plus de 5 millions, régime à coup sûr pire que celui de la dîme.

Ces abus ne disparaîtront que le jour où une nouvelle constitution nous permettra de contrôler ceux qui disposent de nos finances. Sans représentation, tout contrôle est impossible. Le gouvernement métropolitain lui-même ne saura la vérité que lorsqu'il nous permettra de faire entendre notre voix. Citoyens français d'outre-mer, nous réclamons donc de la mère patrie la gestion de nos propres affaires. Que le représentant du souverain soit entouré parmi nous du prestige qui s'attache à ce titre, nous sommes les premiers à lui en faire honneur ; mais qu'une administration sans contrôle pèse de toute son autorité arbitraire sur notre pays appauvri, c'est là une position intolérable et qu'il serait équitable de faire cesser. *Pas de représentation, pas d'impôt*, tel a été le premier cri jeté par l'Amérique du Nord secouant le joug de l'Angleterre, et le refus d'un simple droit de timbre fut le signal de la révolution. Mais à nous, créoles et colons de la Réunion, qui voulons rester Français, et qui demandons respectueusement à jouir des mêmes droits que nos concitoyens d'Europe, peut-on refuser le suffrage universel pour nommer nos mandataires auprès du pouvoir local, comme auprès du gouvernement métropolitain ?

La France a-t-elle le droit de nous traiter en parias ?

Elle compte sous ses drapeaux et dans les services publics les enfants de la Réunion, depuis l'officier général jusqu'au simple soldat, depuis le sénateur jusqu'à l'humble employé. Nous lui avons donné des amiraux comme Bouvet, des poëtes comme Parny, Leconte-Delisle et Lacaussade ; nous avons versé notre sang en Crimée, en Italie, au Mexique, sur tous les champs de bataille, et, quoi qu'on ait pu dire, nous n'avons jamais pris les armes que pour chasser de nos rives les ennemis de la France. Que peut-on avoir à nous reprocher ? Nous sommes mûrs pour la liberté ; nous sommes dignes et capables d'exercer le suffrage universel, base de tout pouvoir, garantie de toute liberté. Ce sera la dîme du sang généreux versé le 2 décembre 1868 dans les rues de notre ville innocente.

III

Témoin oculaire des événements déplorables qui ont eu lieu à l'île de la Réunion les 30, 31 novembre et 2 décembre derniers, nous n'avons plus à les raconter. Les faits sont connus. L'opinion publique, ce juge souverain, devançant l'histoire impartiale, s'est déjà prononcée.

Il a fallu l'énorme abus d'un pouvoir dictatorial pour attirer sur nos destinées l'attention du public, et, nous aimons à l'espérer, l'intérêt du gouvernement.

Nous avons dit le caractère de nos compatriotes, l'état social de notre pays, ses mœurs, ses habitudes d'ordre et de calme. Il nous reste à parler de ses vœux, de ses aspirations, de ses besoins les plus urgents. Le temps et l'espace nous manquent pour exposer, avec tous les détails qu'il comporte, un programme depuis si longtemps formulé.

Nous nous bornerons à emprunter quelques passages à une brochure publiée en 1868, sous le titre : *Constitution des colonies*, par M. C. Jacob de Cordemoy :

« Serions-nous tombés, dit l'auteur, dans l'abîme où nous nous traînons si on avait écouté la voix des inutiles Cassandres qui signalaient le vertige ? Non, évidemment. L'exemple donné par la colonie, de 1790 à 1848, prouve le contraire. Réclamons nos droits, réclamons-les sans cesse. Notre pays est dans la détresse la plus complète ; le Trésor public ne vit plus que d'expédients ; et aujourd'hui même, on ne comprend pas encore dans les régions officielles que ce pays ne se régénérera que par la liberté. La première condition à demander, c'est qu'on nous laisse nous gouverner nous-mêmes. Gouverner à trois mille lieues de distance est une prétention tellement extraordinaire, qu'il n'est nul besoin de la discuter. Chaque fois qu'il s'agit des colonies dans les conseils de l'Etat, on entend de telles erreurs, de telles hérésies, même matérielles, qu'on ne doit pas s'étonner de voir les discussions aboutir aux résultats qui nous oppriment, en croyant nous protéger. Il faut donc réclamer énergiquement l'autonomie pour notre régime intérieur. Seuls nous pouvons apprécier efficacement nos besoins et nous diriger dans la voie droite ; seuls nous éviterons les fautes que nous imposent trop souvent ceux qui s'occupent de nous...

» La réforme la plus impérieuse que nous devons réclamer,

c'est la nomination des conseils par le suffrage populaire. Parmi nos conseillers généraux se trouvent un grand nombre de fonctionnaires. Où est la garantie de la population? De même que le public s'isole des conseils, de même les conseils s'isolent du public. Ils n'ont pas le ressort de la sympathie populaire et ne peuvent marcher avec assurance dans une voie un peu large. Aussi, est-ce surtout dans les moments de crise qu'on constate leur insuffisance totale. Dans une session de quinze jours, on expédie des travaux dont le moindre demanderait des mois d'études. Ce ne sont pas toujours les hommes qui sont coupables, ce sont les institutions. En définitive, le conseil général est un rouage annulé. De la colonie passons à la commune, et nous verrons les mêmes inconvénients au système actuel, les mêmes espérances dans les réformes. Avec des assemblées issues du vœu populaire et munies de pouvoirs réels, et non virtuels comme aujourd'hui, nous aurions la clef de voûte de notre édifice social restauré et affermi. Avec elles, nous pourrions continuer à relever du ministère de la marine, et même recevoir de lui des gouverneurs, car le pays s'appartiendrait.

» L'organisation judiciaire, la législation civile et criminelle doivent être les mêmes aussi pour nous que pour la métropole. Il est singulier que l'inamovibilité des juges passe en France pour la pierre angulaire de la justice, la base fondamentale de la société, et que dans les colonies elle n'existe pas. C'est pourtant dans ces pays lointains, en dehors de l'action des sommités de la magistrature, dans ces pays où les chefs ont des pouvoirs si étendus, si graves, et peuvent, par conséquent, chercher à peser sur la conscience des juges, c'est là surtout que l'inamovibilité serait pour le public la garantie de la justice....

» Nous sommes persuadés que les colonies trouveraient un immense avantage à simplifier leur administration. Combien de services pourraient être retranchés ou diminués ! Ainsi, dans le service financier, il y a de nombreuses réformes à opérer. On a imaginé un bataillon compacte d'agents de tous grades ; on a indéfiniment subdivisé les branches de cette administration. Là, au contraire, était le cas de centraliser : on aurait évité une grande partie de ces frais de perception qui entament si profondément les recettes.......

» Le gouverneur est assisté par un conseil privé, qui doit l'éclairer. Mais ce conseil comprend tous les hauts fonctionnaires de la colonie, plus deux membres choisis parmi les notables. Il y a donc là une grande majorité administrative, composée d'hommes presque toujours étrangers au pays.

» En résumé, demandons notre autonomie intérieure, dirigée par des conseils élus. Le jour où nos mandataires seront responsables de leurs actions devant leurs commettants, ils seront forcés d'étudier et de travailler. Pour eux, leur fonction ne sera plus un stérile honneur, elle sera un devoir. A cette époque, on tiendra à ces positions publiques. Aujourd'hui, bon nombre d'hommes considérables les évitent, les refusent. Selon eux, l'honneur est mince d'aller siéger dans une assemblée dont les pouvoirs viennent d'une source détournée. Ils pensent que l'on ne doit pas couvrir de son nom des résolutions qui ne sont pas l'expression de la volonté populaire...

» Demandons qu'on nous envoie comme gouverneurs des administrateurs éprouvés.

» Demandons des députés au Corps législatif qui puissent y défendre nos intérêts.

» On objectera que la présence de députés créoles est incompatible avec l'autonomie coloniale. Il faut ne pas réfléchir que presque toutes les lois nous sont communes avec la métropole. Les départements n'ont-ils pas aussi bien leur vie propre ? Et pourtant les députés de chacun d'eux concourrent aux mesures d'intérêt local pour les autres. »

Tel est, en peu de mots, notre programme. Nous ne trouvons rien à y ajouter qu'un simple vœu : c'est que la métropole évite surtout d'employer, pour gouverner les colonies, des hommes y ayant des intérêts particuliers. Non-seulement ils n'échapperaient pas aux dangers inévitables des coteries, mais ils ne pourraient soulever aucune question coloniale sans se trouver en présence de leurs propres affaires. S'il nous était permis de formuler une opinion à cet égard, nous demanderions un administrateur civil ayant fait ses preuves soit au conseil d'Etat, soit dans une préfecture. Il y a longtemps, d'ailleurs, que les ports de mer et les colonies ont exprimé le même désir.

Paris, le 4 avril 1869.

PARIS. — IMPRIMERIE DE DUBUISSON ET Cᵉ, 5, RUE COQ-HÉRON.